CANDAHAR. — BEDJAH OU PORTE DU NORD.

LE PAYS AFGHAN

I

Entre le Touran, l'Iran et l'Hind, noms que les anciens géographes donnent au Turkestan, à la Perse et à l'Hindoustan, il y a, disent-ils, un pays de passage où l'on accède par chacune de ces trois contrées et qui leur sert respectivement de barrière (1). « C'est là, écrivait Abou-Ifazil au seizième siècle, que depuis la plus haute antiquité se trouvent établies les portes de l'Hindoustan. » Et il ajoutait : « Quiconque parmi les puissances européennes possédera ce territoire, affermira sa suprématie sur toute cette partie du globe. » Ce pays, le seul qui sépare aujourd'hui les possessions de la Russie de celles de l'Angleterre dans l'Asie centrale, est l'Afghanistan. Depuis plus d'un demi-siècle, les deux influences rivales, moscovite et britannique, s'efforcent d'y conquérir la prépondérance, et la bataille diplomatique qu'elles s'y livrent a plus d'une fois menacé de tourner en lutte sanglante (1).

Compris entre 58° 30′ et 73° de longitude E., 30° et 38° 30′ de latitude N., l'Afghanistan est à peu près grand comme la France, ou plutôt comme l'Allemagne; il mesure en largeur, de l'est à l'ouest, environ 690 kilomètres, et du nord au sud près de 740 en longueur. La délimitation anglo-afghane de 1893 lui a enlevé une partie de son ancienne frontière

(1) Dans notre ouvrage sur l'Afghanistan, auquel sont empruntées les pages reproduites ici, nous avons exposé les diverses phases de cette lutte et résumé l'histoire de l'Afghanistan depuis les origines jusqu'à nos jours.

orientale. L'ensemble de sa superficie figure un vaste quadrilatère à côtés fort irréguliers. Une pointe s'avance vers le Turkestan chinois, du côté de l'est (1).

Pour se convaincre de l'importance considérable de cette position, au point de vue stratégique, il suffit de jeter un regard sur la carte. Au nord le pays afghan commande, par l'Hindou-Kouch, la vallée de l'Amou-Daria (Djihoun ou Oxus); à l'est, par les monts Souléiman, celle de l'Inde; à l'ouest, sur une grande étendue, il domine la Perse par la chaîne du Koh-î-Boundan; au sud, il est défendu par les escarpements qui le séparent du Baloutchistan (2).

L'Afghanistan est un État tampon, dont la neutralité et l'autonomie sont encore actuellement sauvegardées par différentes circonstances : la rivalité entre la Russie et l'Angleterre, qui toutes deux visent à l'annexion de ce pays; puis la politique de l'émir Abdourrhaman, qui contre-balance ces deux influences; enfin sa situation topographique, qui lui sert de défense naturelle contre les ambitions étrangères. Cette défense est surtout constituée par le système orographique, par ces redoutables « passes » dont on trouvera plus loin la description.

L'Hindou-Kouch est la grande arête du relief afghan. Il retient toute l'ossature du plateau iranien, qu'il rattache au grand plateau central de l'Asie et au Pamir, où il s'enfonce à l'embranchement des contreforts qui forment la ligne de faîte des bassins du Chitral et du Ghilgit. Courant ensuite dans la direction du sud-ouest, comme une énorme épine dorsale, entre le Turkestan et le Kafiristan, il pénètre dans l'Afghanistan, dresse, à trente lieues de la frontière, autour de Caboul, un amphithéâtre colossal, et se termine presque au cœur du pays afghan par le massif des monts Koh-î-Baba. Quelques-uns de ses sommets dépassent 6,000 mètres d'altitude et sont couverts de neiges éternelles. Le plus élevé de ces pics est le Chitral, qui atteint près de 19,000 pieds.

Le Koh-î-Baba (père des montagnes) continue à s'avancer vers l'ouest, où il s'abaisse dans la vallée du Hari. De ce massif se détachent de chaque côté, vers l'ouest et vers l'est, trois chaînons principaux, formant d'une part la montagne blanche (Safed-Koh), de l'autre, la montagne noire (Siah-Koh). L'ensemble de ce groupe correspond, en y comprenant le Koh-î-Baba, à la région montagneuse que les anciens désignaient sous le nom de Paropamisos ou Caucase indien. De tous les systèmes orographiques du globe, c'est un des moins connus : les ramifications afghanes, Safed-Koh et Siah-Koh, n'ont jamais été explorées.

Le principal chaînon du Koh-î-Baba, dans la direction de l'est, après avoir été traversé par les fameuses passes de Kourd-Caboul et du Khyber, va cimenter sa base à celle des monts Souléiman. Ceux-ci ont une alti-

(1) La frontière afghane a été déterminée du côté russe par les conventions de 1885, 1887 et avril 1895. Ce dernier arrangement, qui concerne le Pamir, a laissé à l'Afghanistan une bande d'environ 40 kilomètres, qui seule sépare maintenant les postes russes des postes anglo-indiens. Du côté de l'Inde, la frontière afghane a été modifiée par la convention de 1893, qui a laissé à l'Angleterre le pays au delà de l'Hindou-Kouch, ainsi que le Waziristan. Voir à ce sujet une série d'articles sur la *Pénétration européenne en Asie*, publiés par M. Paul Barré, dans la *Revue de géographie* (1896-1897).

(2) Voir, sur la frontière sud de l'Afghanistan, le travail publié par le capitaine A.-H. Mac Mahon, de l'armée anglaise, *The southern Borderlands of Afghanistan* (*The Geographical Journal*, avril 1897).

tude moyenne de 3,000 à 3,500 mètres. Leur plus haut sommet est le Tukh-i-Suliman, ou *Trône de Salomon*, sur lequel les mahométans croient que l'arche de Noé s'arrêta pendant le déluge. Les pèlerins s'y rendent en grand nombre chaque année. Lorsqu'ils sont arrivés au haut de la montagne, ils sont admis à toucher ce que la tradition prétend être une portion de l'arche, et cette relique sacrée est pour les visiteurs un objet de profonde vénération.

Cette ceinture de hauteurs enferme un immense plateau de sable assis à 3,000 pieds au-dessus du niveau de la mer et glissant partout vers la

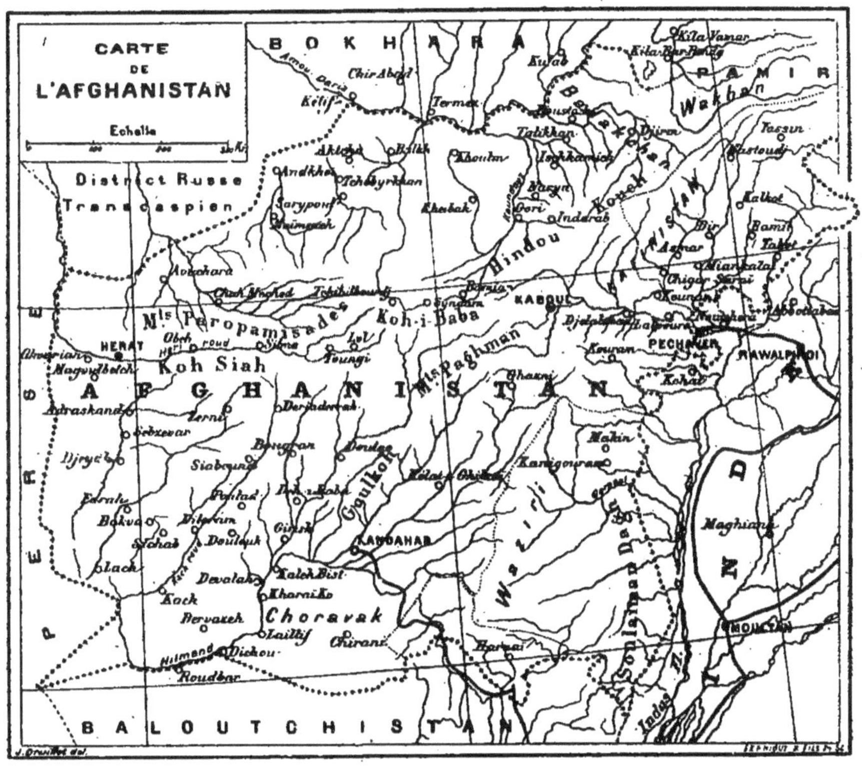

CARTE DE L'AFGHANISTAN.

dépression centrale du Hamund. Hormis les parties riveraines, toute cette région est inculte. Au sud du Helmund, où il n'y a, suivant toute vraisemblance, plus de cours d'eau, le désert déroule ses solitudes immenses. Il commence au pied de la chaîne du Khojat-Amran ou de Saïstan, et s'étend de là, presque sans interruption, le long de la frontière afghane et baloutche. Aucun Européen n'a pénétré dans ce lieu sauvage et peut-être inhabité. Sur beaucoup de cartes, il est encore aujourd'hui figuré par un espace vide. Vu des environs de Candahar, il offre l'aspect d'une file interminable de collines sablonneuses fuyant dans l'espace.

II

Dans les pages (1) qui suivent cette introduction, nous présentons le tableau des faits géographiques les plus intéressants pour quiconque veut avoir des renseignements précis sur l'Afghanistan. Quant aux événements récents qui ont mis aux prises certaines tribus afghanes avec les Anglais, nous n'avons pas à en parler ici. Disons seulement que la campagne du général Lockhart n'y mettra pas fin (2). Il n'y a, en effet, rien à retrancher à ce que nous écrivions il y a treize ans : « Chaque page des annales afghanes atteste le courage des populations établies sur ce territoire, où les maîtres ont changé de nom et où les dynasties ont été successivement renversées les unes par les autres, mais où l'indépendance n'a cessé en aucun temps d'être l'âme du pays. Sur ce sol fécond, d'âge en âge, des flots fougueux se sont précipités et entre-choqués ; mais les ruines qu'ils amoncellent et qui, selon l'admirable expression du poète, ont péri elles-mêmes, n'ont pas enseveli la nation. Celle-ci reste debout, malgré vingt siècles d'écrasement successif, et la conscience de sa force morale la soutient dans la revendication constante de sa liberté. Si l'Europe civilisée, en refluant vers son berceau, respectait cette moisson mûrissante, s'il y avait une loi immuable, fondée sur le droit international public dont l'autorité s'imposât d'elle-même, sans médiation ni congrès, ces peuplades laborieuses, inasservies, quoiqu'elles aient porté le joug de toutes les servitudes, ne tarderaient pas à montrer une expansion de vitalité dont aucun des empires qui les entourent, l'Inde ou la Perse, n'a donné d'exemple. Elles ont su, seules, dans l'Asie antérieure, garder le sentiment de la personnalité abdiquée par les Persans aux mains des Russes, par les Hindous aux mains des Anglais : seules, elles ont conservé l'indissoluble attachement à la terre où elles vivent, et c'est cette passion du sol, perpétuellement vivace, qui enflamme les cœurs des Afridis, des Mohmunds, quand, de montagne en montagne, retentit à la voix des mollahs, des prêtres, l'appel à la *jihad*, à la guerre sainte ! »

Charles SIMOND.

(1) Ces pages sont empruntées, avec l'autorisation des éditeurs, à notre ouvrage *l'Afghanistan (les Russes aux portes de l'Inde)*, par Charles SIMOND. (Paris, H. Lecène et H. Oudin.)

(2) L'Angleterre ne lutte pas actuellement contre le gouvernement de l'Afghanistan. Elle ne fait la guerre qu'à certaines tribus montagnardes, les Afridis, les Mohmunds, etc., plus ou moins tributaires de l'émir. Ces tribus étaient depuis longtemps indépendantes de fait. Elles ont été comprises dans la zone anglaise par la convention anglo-afghane de 1893, et le soulèvement de 1897 a eu pour origine la mise à profit par les Anglais des termes de cet accord.

On sait que la campagne du généralissime Lockhart a été, après quelques succès, finalement désastreuse pour les Anglais. Les nouvelles du théâtre de la guerre étaient des plus alarmantes au commencement de 1898. (C. S.)

GHAZNI.

L'AFGHANISTAN

I

LES PASSES AFGHANES

Khyber.

Pour pénétrer au cœur de l'Afghanistan, c'est-à-dire pour briser la ceinture de hauteurs qui l'environne et le protège, il n'y a, tout au moins sur trois frontières, d'autres chemins praticables pour les armées que des défilés défendus par des pics d'une altitude considérable. Ces défilés sont : au nord, la passe de Bamian; au nord-est, celle de Baroghil; à l'est, celles de Khyber, de Kourum, de Gomoul; au sud, celle de Bolan. Les nombreuses ramifications de montagnes qui étendent leur réseau sur le pays forment à leur tour d'autres passes.

La passe de Khyber est la plus célèbre de toutes. Désignée par les Anglais sous le nom de « Porte de fer », elle constitue ce que l'on est convenu d'appeler une des entrées de l'Inde. Elle mène en effet directement de la vallée du haut Indus à Caboul et à la Perse par Hérat. Elle s'ouvre à proximité de la ville anglaise de Peshawar. La route correspond au cours du Caboul-Daria.

Peshawar est le vestibule de l'Inde. Par la beauté de son site, la fertilité de ses environs, elle est le paradis de la frontière afghane. Sa fondation remonte, dit-on, à la plus haute antiquité; les cavernes sur lesquelles sont établies ses assises auraient, s'il faut en croire la tradition, jadis servi de retraite aux prêtres de Bouddha. La ville proprement dite a été bâtie par l'empereur mogol Akhbar après la conquête de l'Afghanistan, en 1591. Comme toutes les anciennes capitales afghanes, elle possède un palais destiné à servir éventuellement de résidence au souverain; elle a de belles mosquées, des jardins riants, de grands bazars où affluent les acheteurs. Rundjit-Singh, le plus fameux des maharadjahs de l'Inde septentrionale, s'empara de cette partie de l'Hindoustan et fit de Peshawar le plus beau joyau de sa couronne après Lahore. Il y éleva une forteresse entourée de murs de trente mètres de haut et commandant toute la ville. Depuis que cette forteresse est au pouvoir des Anglais, ceux-ci n'ont rien épargné pour la rendre imprenable.

On entre dans le Khyber par deux routes principales, partant toutes les deux de Jumrud, petit village entouré d'une muraille en terre sèche et occupé constammant par une garnison anglaise. Jumrud est à 12 kilomètres à l'ouest de Peshawar. On n'y compte qu'une cinquantaine de maisons. Quoique appartenant aux Anglais, sa situation à proximité de la montagne le rend peu sûr. Plus d'une fois, les bandes de guérillas de la grande tribu des Afridis, qui y trouvent des abris inaccessibles, sont tombées à l'improviste sur le fort anglais et y ont massacré les hommes et les officiers, échappant ensuite aux représailles et au châtiment, en disparaissant dans la passe parmi les clans afghans qui refusent de les livrer. Entre Peshawar et Jumrud, la pente de la montée est de plus de 160 mètres. Les deux avenues de la passe sont à peu de distance l'une de l'autre. Celle du nord s'appelle le Shadi-Bajawaru; celle du sud, le Julogi. Elles aboutissent toutes les deux au fort Ali-Musjid, qui défend l'accès de la passe (1). Le Shadi-Bajawaru a 16 kilomètres de parcours ; c'est la plus courte des deux entrées du Khyber, mais la moins suivie. Le Julogi, quoique beaucoup plus long (24 kilomètres), lui est généralement préféré; il entre dans la montagne à Kadam, petit village situé à 4 ou 5 kilomètres au sud-ouest de Jumrud. A l'entrée, la gorge a environ 800 mètres d'ouverture. A un kilomètre au delà de Kadam, elle se resserre et ne mesure plus que 100 à 150 mètres de largeur; de chaque côté se dressent des rochers à pic, ayant plus de 400 mètres de hauteur. Bientôt la passe se rétrécit encore. A la jonction du Julogi avec le Shadi-Bajawaru, la largeur du chemin varie entre 80 et 20 mètres. La route est étranglée entre des rocs de

(1) C'est dans cette passe et dans les environs du fort Ali-Musjid qu'a péri, au cours d'une promenade qu'il faisait seul, le 30 décembre 1897, le général anglais sir Henry Havelock Allan, tué par une balle afridi. Sir Henry Havelock Allan était le fils de l'illustre général Havelock, qui joua, dans la répression de la révolte des Cipayes, un rôle glorieux. Sir Henri Havelock Allan était né au Bengale en 1830, et membre de la Chambre des communes depuis 1894. (C. S.)

schiste, dépouillés de toute végétation, entassés les uns sur les autres.

La passe serpente en lacets, brusquement interrompue par des angles saillants, faisant place presque aussitôt à de nouvelles sinuosités. Un petit ruisseau, alimenté par les filets d'eau qui courent et bondissent de roches en roches, suit le chemin, et parfois, dans une chute rapide, devient un torrent fougueux. Ce ruisseau peut être barré aisément par les montagnards du Khyber. Le fort Ali-Musjid, assis sur un plateau escarpé et rocheux, a 700 mètres d'altitude. Il ferme l'entrée de la passe de Khyber et commande en même temps le Kafir-Thungi, ou « Passe des Infidèles », à l'est. Le plateau qu'il occupe ne peut être escaladé de front. Le feu de la forteresse est secondé par celui d'un autre ouvrage de défense établi sur une colline opposée. Les deux systèmes sont néanmoins dominés eux-mêmes par les collines environnantes, d'où l'on peut les tracasser avec des armes à longue portée.

Le chemin laisse le fort d'Ali-Musjid au sud et gravit les pentes du plateau. Après quelques kilomètres de parcours, il s'élargit peu à peu, et la passe atteint des proportions tellement considérables que d'un côté à l'autre on peut mesurer plus d'un kilomètre. En même temps, les hauteurs qui l'encaissent deviennent moins abruptes. La route entre ensuite dans la vallée de Lala-beg, qui a environ 10 kilomètres de long sur 2,400 mètres de large. Cette vallée est à mi-chemin de la passe. A son extrémité occidentale, elle se rétrécit tout à coup, et le défilé est alors si étroit que deux chameaux y peuvent à peine passer de front. A deux kilomètres et demi de cet endroit s'élève le Lundee-Khana, plateau assis à 1,000 mètres d'altitude, bordé d'un côté par une immense muraille de granit, et de l'autre par un précipice béant. C'est le point le plus pénible de la route, et pour l'artillerie il est presque impraticable. Les pièces de gros calibre y doivent être démontées et portées. Une fois arrivé à Lundee-Khana, on dévale du plateau sans difficulté. Désormais la route est bonne, la vallée s'étale à droite et à gauche, les pentes s'adoucissent.

La passe se termine en face de Daka, petite ville afghane, située à 12 kilomètres du sommet de Lundee-Khana et défendue sur la rive droite du Caboul-Daria par un fort carré dont chaque front de rempart a 25 pieds de haut et 400 mètres de long.

Dans sa longueur totale, depuis le fort Ali-Musjid jusqu'au fort de Daka, la passe de Khyber mesure 35 kilomètres de parcours. La distance de Peshawar à Daka par le Shadi-Bajawaru est de 63 kilomètres, par le Julogi elle est de 71 kilomètres.

Quelque formidable que soit ce défilé, il a été, à plusieurs époques, traversé avec succès par des armées plus ou moins nombreuses, les unes descendues du Toit du monde, les autres parties de la vallée de l'Indus et opérant l'ascension des hauteurs. Depuis Alexandre le Grand jusqu'à nos jours, la liste est presque interminable des conquérants qui se sont victorieusement frayé ce chemin

MAHAZ KHAN, CHEF TADJIK.

de l'Inde : Séleucus, Mahmoud de Ghazni, Mahomed Ghuri, Ti-

VUE DE CABOUL.

mour Leng, Baber, Nadir-Shah, Ahmed-Shah-Dourani, ont tour à tour accompli ce haut fait. En 1839, sir Claude Wade, à la tête d'un petit contingent de troupes irrégulières, força le défilé, prit Ali-Musjid et pénétra jusqu'à Jelalabad, en n'ayant perdu que cent quatre-vingts hommes. En 1840, lord Keane, après avoir placé Shah-Shoudja sur le trône, franchit la passe avec une partie de son armée. Deux ans après, le général Pollock acheva le même exploit dans des circonstances mémorables. Du fond des ravins, il tint en respect sous une pluie d'obus les assaillants postés sur les hauteurs, tandis que deux colonnes de douze compagnies chacune poussaient devant elles l'ennemi. Grâce à ce coup d'audace, Pollock délivra l'héroïque garnison anglaise assiégée dans Jelalabad. En arrivant à Caboul, le vaillant corps expéditionnaire ne comptait que cent vingt-huit tués. Au retour, par la même voie, on ne perdit que vingt-six hommes. Les mêmes résultats se sont reproduits dans les récentes campagnes.

Il est donc hors de doute que la grande barrière du Khyber ne présente pas un obstacle insurmontable pour des troupes aguerries conduites par un chef expérimenté. Le fort d'Ali-Musjid ne pourrait les arrêter longtemps, et comme la route est, malgré les difficultés, praticable, on peut affirmer que ni l'Afghanistan ni l'Inde anglaise ne sont invulnérables de ce côté.

Ce qui est le plus à craindre, dans ces circonstances, pour une colonne expéditionnaire, ce n'est pas le manque de vivres, de fourrage ou d'eau, que l'on peut se procurer en quantité suffisante. Le plus grand danger réside dans l'hostilité des montagnards qui occupent le pays. Guerriers et pillards, ils habitent, l'hiver, les nombreux villages groupés dans la vallée. L'été, ils logent sous la tente, dans les montagnes. Bons soldats, excellents tireurs, vivant par goût et par métier de rapine, entreprenants, agiles, connaissant tous les passages et toutes les retraites, n'ayant de loi que celle de la force et indépendants de toute autorité, ils interceptent à leur gré la route de Daka à Peshawar, font main basse sur les caravanes ou les convois militaires, et deviennent pour une armée une cause incessante de périls. Aussi la difficulté consiste beaucoup moins à franchir le Khyber qu'à entretenir à travers la passe des communications avec la base des opérations (1).

Kourd-Caboul.

Le Kourd-Caboul, où l'on pénètre par le défilé des Sept-Passes, après avoir traversé un ravin lugubre appelé la Passe Noire, est

(1) Ce sont ces circonstances qui ont causé les échecs, récemment signalés, de l'armée du généralissime Lockhart. Il n'est pas impossible que la campagne se termine à l'avantage de Anglais, disposant de forces et d'armements considérables. Mais il est douteux que les montagnards de la passe du Khyber, même s'ils sont vaincus, soient jamais complètement subjugués. (C. S.)

une gorge affreuse de 8 kilomètres de long, si étroite qu'à peine il y a place pour un mauvais chemin ou plutôt pour un sentier accessible aux chevaux, entre le flanc escarpé de la gorge et le torrent qui coule au fond. En beaucoup d'endroits, les rayons du soleil ne pénètrent que rarement. Le torrent roule le long de la route avec une grande impétuosité et la coupe environ trente fois. Souvent le courant est assez fort pour interrompre la circulation. La sortie du défilé est à Boutkak, dans la petite vallée fertile de Caboul, à 17 kilomètres à l'est de cette ville. Boutkak est le carrefour où se rejoignent toutes les routes qui viennent aboutir à la capitale afghane. En y arrivant, on ne peut se défendre d'un mouvement de surprise. Aux sites sauvages et sombres de la montagne succèdent tout à coup, presque sans transition, les verdoyants paysages ensoleillés de la vallée, où la vigne, qui mûrit sur les coteaux, marie ses tons chauds aux nuances délicates des fleurs émaillant les jardins. Le contraste est si frappant qu'un historien, le sultan Baber, ne peut se lasser de le décrire. « En deux heures, s'écrie-t-il, on se trouve transporté, comme par magie, du pays où les neiges sont éternelles à celui où elles ne tombent jamais ! »

Bolan.

La passe de Bolan a, dans les annales anglo-indiennes, une célébrité aussi lugubre que celle de Khyber. C'est dans ce défilé que furent massacrées les troupes combinées des Anglais et de Sikhs. Une brigade entière y fut réduite à cent hommes. Lorsque l'on quitte Doudar, petite ville située à l'entrée de cette passe, celle-ci offre, pendant les vingt-cinq premiers kilomètres de marche, un aspect désert et sauvage. Le chemin est formé presque partout par le lit de la rivière, qui est à sec pendant les deux tiers de l'année. De chaque côté se voient des montagnes peu élevées mais inaccessibles, couvertes de pierres roulantes et semblables à d'immenses monceaux de cailloux gigantesques. Le lit de la rivière lui-même est jonché de galets mouvants entre lesquels les chevaux enfoncent les pieds jusqu'au boulet; de nombreux squelettes de chameaux, de bœufs, de chevaux gisent partout, obstruant la voie. A toutes ces difficultés de la route vient se joindre la privation d'eau et de combustible. En approchant du sommet de la passe le chemin se hérisse de rochers; ce sont des montées, des descentes, des obstacles à chaque pas; bientôt on ne voit plus aucune trace de végétation; tout est aride, mort, désolé, et, suivant l'heure ou la saison, brûlé par un soleil dévorant, ou glacé par un froid plus excessif que celui de la Sibérie. Le point culminant de la passe est situé près du village de Sir-i-Bolan, dont l'altitude est de dix-huit cents mètres.

A partir de Sir-i-Bolan, la descente se fait au milieu d'un véritable chaos de blocs] énormes et par des sentiers couverts de pierres roulantes. C'est un tel amoncellement de rochers inacces-

AFGHANS GARDANT UN DÉFILÉ.

(Cliché Bourke, Jelalabad.)

sibles, un tel dédale au milieu d'escarpements à pic, qu'une fois enfermé dans les gorges, qui ont l'air de se fermer à chaque pas, on se demande par où l'on pourra sortir. Ce n'est qu'après une trentaine de kilomètres que l'aspect général commence à se modifier et que le chemin devient réellement praticable, à l'endroit où

LA FORTERESSE DE HÉRAT.

il pénètre dans la vallée de Quetta, qui offre de nombreuses ressources en eau, en fourrages et en vivres.

Le seul beau côté de cet affreux passage, auprès duquel le légendaire défilé de Khyber semble un simple vallon d'Écosse, ce sont les paysages splendides qui viennent, par moments, éblouir le voyageur matinal. Sous la transparente lumière d'une aurore de l'orient, les rochers luisants, les masses d'argile rougeâtre, les blocs de granit pailletés, s'éclairent de toutes les nuances de l'arc-en-ciel. De longues échappées roses se foncent peu à peu de tons orangés, puis soudain s'illuminent d'un pourpre éclatant, jusqu'à ce qu'enfin tout brille et miroite aux feux d'un ardent soleil.

II

LES RACES (1).

On compte dans le pays afghan neuf races distinctes : les Afghans, les Tadjiks, les Kizilbachis, les Hésaris, les Ousbecks, les Hindous, les Djats, les Kafirs, les Arabes. Les Afghans forment la race dominante et représentent un ensemble de 3,000,000 d'hommes, équivalant à plus de la moitié de la population totale du pays (2). Ils se divisent en cinq tribus, subdivisées en 405 *khails* ou clans. La plus considérable de ces tribus est celle des Karalanaï, qui se donnent à eux-mêmes le nom de Pahtans, pour se distinguer des quatre autres, formées des Afghans proprement dits. Tous, Afghans ou Pahtans, sont des montagnards établis à l'est et au sud-est, souvent nomades ou errant une partie de l'année sur le territoire britannique.

Parmi les Afghans proprement dits, les principaux clans sont ceux des Douranis, des Ghilzaïs, des Touris, des Shinwaris, des Mohmounds, des Afridis. Les Douranis occupent la région entre Candahar et Hérat. Leur nombre, que l'on peut évaluer à un million d'hommes, est supérieur à celui de chacune des autres tribus. On les appelait autrefois Abdalais, et c'est sous ce nom qu'il est question d'eux dans l'histoire afghane. Leur territoire mesure en longueur 650 kilomètres, et en largeur 200 à 225. Il est borné

(1) Les races de l'Afghanistan ont été étudiées dans un travail qui fait autorité, *An inquiry into the Ethnography of Afghanistan by H. W. Bellew. (The oriental university Institute-Woking 1891.)* Cette enquête sur l'ethnographie afghane entre dans les détails les plus circonstanciés. C'est un de ces travaux qui épuisent une question et qui sont le fruit de longues recherches aussi patientes que considérables. Il n'avait pas encore paru lorsque nous avons écrit les pages qu'on lira ici, mais en beaucoup de points il concorde avec nos données. (C. S.)

(2) La population totale de l'Afghanistan indépendant ne saurait être évaluée d'une manière exacte. Quelques géographes la portent à 4 millions d'habitants, d'autres à 6 millions.

au nord par les monts Aimak; à l'ouest par le désert persan; au sud-ouest, par le Saistan; au sud, par la chaîne du Khoja-Amran, et à l'est par le pays des Ghilzaïs. Ils habitent la partie la plus fertile de l'Afghanistan, et sont, suivant la nature des localités où ils vivent, laboureurs ou pasteurs. Ils représentent l'élément le plus civilisé de toute la nation afghane. La terre qu'ils cultivent leur appartient; mais ils payent à l'émir une redevance militaire : chaque charrue, suivant l'expression locale, fournit son cavalier armé. Ils ont une vieille aristocratie, qui a conservé tout le raffinement des mœurs persanes, et forme l'un des principaux soutiens du pouvoir suprême. Mais l'influence de cette aristocratie est restreinte à la localité où elle réside.

Les plus proches voisins des Douranis sont les Ghilzaïs, moins nombreux, à vrai dire, puisqu'on n'en compte que 250,000, mais plus importants par leurs rapports commerciaux avec l'Inde et l'Asie centrale. En automne, ces Ghilzaïs franchissent les passes des monts Souleiman, et leurs caravanes se dispersent sur le territoire anglo-indien, où ils offrent les laines, la garance, l'assafœtida, les fruits, les chevaux, en échange des armes à feu, de la poudre, de la quinine et des produits manufacturés de Manchester. Ces goûts de trafic les rendent peu propres aux combats, quoiqu'ils soient robustes et intelligents. Aussi en compte-t-on fort peu dans l'armée active. Le territoire est considérable : illimité au sud, il s'y perd dans le désert; au nord, il confine au Kohistan et va jusqu'à la capitale afghane, qui est dépendante elle-même de leur oulousse (tribu). A l'ouest il touche aux monts Souleiman et enclave la ville de Ghazni.

Les Shinwaris peuvent mettre en ligne sept mille fusils. Belliqueux et farouches, comme tous les montagnards qui occupent avec eux la passe de Khyber, ils se divisent en petits groupes ayant chacun leur khan particulier. Ils reçoivent leur part des 10,000 ou 20,000 roupies (1) que le gouvernement de Caboul paye chaque année aux Khybériens pour laisser passer librement les caravanes. Les Touris habitent la vallée de Kourum; ils peuvent mettre en rang six mille guerriers.

Les Mohmounds se divisent en Mohmounds supérieurs et Mohmounds inférieurs. Les premiers s'étendent jusqu'au Caboul-Daria et sur la rive droite de ce cours d'eau jusqu'aux montagnes du Khyber. Ils comprennent vingt-cinq mille familles, gouvernées par deux khans. Les Mohmounds inférieurs, qui peuvent mettre douze mille hommes sous les armes, occupent l'angle sud-ouest du district de Peshawar. Les Mohmounds sont les plus sauvages de tous les Pahtans.

Les Afridis sont les plus redoutables des Khybériens. Quoique

(1) La roupie vaut environ 2 fr. 50.

descendant d'une même origine, ils forment cinq clans (les Adam-

KHAN BAZ, CHEF AFRIDI.

Khels, les Ukka, les Moulik-Din, les Toukka, les Kouki-Khels) sub-

ALI-MUSJID, OU A PÉRI LE GÉNÉRAL HAVELOCK ALLAN (PASSE DE KHYBER).
(Cliché F. Saint-John Gore.)

divisés eux-mêmes en plusieurs groupes distincts, lesquels se font la guerre entre eux lorsqu'ils ne pillent pas, d'un commun accord, les caravanes. Ce sont les brigands de l'Orient, ne vivant que de rapines, paresseux, sans éducation. Hommes forts, bien proportionnés, ils ont une attitude martiale; leurs turbans fièrement campés sur le coin de l'oreille, leurs vêtements de toile bleue retenus par une ceinture où brillent des couteaux et des pistolets, leur donnent un air pittoresque. Quelquefois ils vont servir dans l'armée anglo-indienne, mais la nostalgie les ramène vite dans leurs montagnes. Ce contact avec la civilisation n'a pour résultat que de les rendre plus dangereux. Ils ne retiennent de ce qu'ils ont vu que l'enseignement du vice, de la trahison, de l'assassinat; ils coupent la gorge à un homme pour le simple plaisir de montrer leur adresse. Aussi a-t-on coutume de dire qu'offrir de l'argent à un Afridi pour se faire guider dans la passe de Khyber, c'est payer d'avance son propre assassin. C'est un de ces Afridis qui tua le vice-roi lord Mayo. Il avait fidèlement servi comme domestique le commissaire général anglais à Peshawar, et menait chaque jour la fille de son maître à la promenade. Un jour il apprit qu'un homme appartenant à un clan avec lequel sa tribu était en lutte de représailles vivait à Peshawar. Il rechercha cet homme et l'assassina. Il fut condamné à mort; mais sa peine fut commuée. On le transporta à la colonie pénitentiaire des îles Andaman. Pour y échapper aux souffrances de l'exil, il poignarda lord Mayo.

La race la plus nombreuse dans l'Afghanistan, après la race afghane, est celle des Tadjiks, qui constituent, dans toutes les provinces de l'Ouest, l'élément aborigène. C'est une population sédentaire, agricole ou manufacturière. Son nom, qui signifie paysan, est opposé à celui de *Turk* (guerrier). Les Tadjiks proprement dits se donnent l'appellation de Parsivans ou Parsis-Zevans. Ceux d'entre eux qui sont nomades sont connus sous la dénomination d'Aïmaks. Ces derniers errent dans la région formée par le bassin supérieur du Hari-Roud. Le nombre des Tadjiks atteint près d'un million. Ils vivent assez fréquemment dans les villages occupés par les Afghans, dont ils sont les fermiers, sans posséder eux-mêmes aucune terre. Dans les villes, ils forment une population tranquille et laborieuse, exerçant les industries que les Afghans méprisent.

La troisième race qu'on rencontre dans l'Afghanistan est celle des Kazulbashis ou Kizil-Bachis, descendant des Perses qui furent amenés à Caboul, en 1737, par Nadir-Shah. Viennent ensuite les Hezarais ou Hazarawais, qui occupent le pays entre Hérat et Caboul; on les appelle quelquefois Mongols, et l'on croit qu'ils ont été introduits dans le pays par Gengis-Kan ou par Tamerlan. Les Afghans les regardent comme invincibles dans leurs montagnes. Peu d'entre eux cependant font partie de l'armée régulière.

Quelques-uns même ont émigré dans l'Inde, où ils travaillent comme terrassiers. Ils professent une haine irréconciliable pour les Sunnites. Les Hézarais sont Touraniens.

Les Ousbecks sont les descendants des Turcomans et, par conséquent, aussi d'origine touranienne. Ils constituent l'élément dominant au nord de l'Indou-Koh et composent une petite armée bien organisée, dont on évalue l'effectif à 10,000 hommes, placés en temps ordinaire sous les ordres du gouverneur afghan de Balkh.

Les Arabes, appartenant presque tous à la secte des Séids, forment une masse compacte dans le Caboulistan septentrional; mais ils sont aussi disséminés sur toute la surface du pays. Comme les Arabes, les Djats, d'origine inconnue, sont répandus sur toute l'étendue du territoire, quoiqu'on les trouve en plus grand nombre sur les pentes des monts Souleïman.

Les Hindous représentent une population de 300,000 à 400,000 âmes. Ils vivent principalement dans les villes, où ils se livrent à l'industrie, au commerce et surtout aax spéculations financières interdites aux musulmans par le Coran.

Entre le haut Indus et l'Indou-Koh, au nord de Peshawar et au nord-ouest de Cachemire, est le Kafiristan, région montagneuse comme l'Aghanistan, bornée au sud par la province de Caboul et au nord par le Wakhan. Les naturels de cette région portent le nom de Kafirs. Ils se divisent en Siahfpoush ou Pieds-Noirs, nom qu'ils doivent à la couleur de leurs guêtres en peau de chèvre, et en Kafirs blonds. Ces derniers ont le type des races du Caucase : le teint pâle, les yeux bleus. Chasseurs intrépides, aimant le danger et les aventures, ils peuvent devenir redoutables dans une guerre de montagnes; mais ils sont à peine civilisés, boivent avec excès et mangent de la chair crue. Ils sont les ennemis jurés des mahométans. Un Kafir s'enorgueillit d'avoir assassiné un disciple du Prophète; et lorsqu'un crime de ce genre a été commis, chaque homme de la tribu met une plume à son turban.

II

LES CLEFS DE L'INDE

Caboul.

Caboul est la porte de l'Hindoustan sur la Tartarie, comme Candahar sur la Perse. Si ces deux places sont imprenables, l'empire de l'Inde peut défier toute invasion étrangère. Suivant les Hindous, nul ne peut se dire maître de l'Hindoustan, s'il n'est en possession de Caboul. Ainsi parlait, dès le seizième siècle, le secrétaire d'Akhbar le Grand; et cette opinion, confirmée par les

LA PASSE DE KHYBER.

JIRGAH. — CONSEIL AVANT LE COMBAT.

(Cliché F. Saint-John Gore.)

événements, est encore accréditée aujourd'hui. Résidence de l'émir, qui exerce sur les royaumes, principautés, tribus ou clans constituant la confédération afghane, une autorité souvent plus nominale qu'effective (1), Caboul n'est devenue la capitale de l'Afghanistan que depuis un siècle, à l'époque où Timour-Shah, fils et successeur du fondateur de la dynastie des Soudozais, y transporta le siège de son gouvernement jusqu'alors établi à Candahar. Plus tard, quand la dynastie des Soudozais eut été elle-même détrônée par l'usurpation de Dost-Mohammed, celui-ci continua, en opposition avec la sagesse politique et avec les vœux d'une grande partie des sirdars, à faire de Caboul le centre de la puissance afghane. Beaucoup de raisons motivaient cette préférence. La principale était la situation heureuse de la ville tant au point de vue commercial qu'au point de vue militaire. D'ailleurs, les souverains, sultans et shahs, qui tinrent l'Afghanistan sous leur domination, avant que le chef afghan se fût taillé un royaume à l'est de la Perse et aux dépens de celle-ci, faisaient eux-mêmes de Caboul leur séjour favori; l'empereur Baber vante l'importance de cette ville en parlant de son climat délicieux, des prairies verdoyantes qui l'environnent, des fruits savoureux et variés que le sol y produit en abondance. « Buvez, s'écrie le poète Molla-Mohammed-Mu-Ammaï, buvez joyeusement le vin dans le château de Caboul, et faites circuler sans cesse les coupes à la ronde, car ici l'on trouve tout réuni : la ville et le désert, les hautes montagnes et les courants limpides. »

Au vrai, Caboul présente de précieux avantages aux relations commerciales entre l'Inde et l'Asie centrale. Placée au débouché des passes les plus praticables, qui sont en quelque sorte les seules voies de communication directe entre les deux pays, elle doit nécessairement profiter des rapports réciproques. Elle forme ainsi un entrepôt presque obligé, où vient aboutir tout le courant des échanges dans l'Asie antérieure.

Dans ses rues populeuses, dans ses bazars animés, se pressent tous les marchands de l'Orient, d'autant plus nombreux ici qu'ils n'y ont pas rencontré jusqu'à ce jour la concurrence européenne, comme dans la plupart des autres capitales orientales, et que Caboul ne fabrique elle-même que des armes et des équipements militaires. Aussi tout le commerce y consiste-t-il dans l'importation des pro-

(1) L'émir actuel est, politiquement, tributaire des Anglais. Pour se l'attacher par des chaînes d'or, et pour le forcer à rester fidèle à leur cause, ils lui ont payé depuis 1881 un subside annuel de 3 millions de francs, qui a été porté depuis à 5 millions. Ce subside n'oblige pas, il est vrai, l'Angleterre à respecter l'autonomie afghane, et celle-ci reste exposée aux coups de main. Il ne faut pas perdre de vue, en effet, que les Anglais ont, à toutes les époques, cherché à enclaver l'Afghanistan dans leur empire asiatique (voir à ce sujet l'*Intrigue anglaise* dans mon volume sur l'*Afghanistan*); mais leurs tentatives d'annexion complète ont jusqu'ici toutes échoué, grâce aux Russes, et grâce au courage des Afghans. Les deux grandes expéditions britanniques (1839-42 et 1879-80) ont abouti à d'effroyables désastres dont j'ai retracé le tableau dans le même volume cité plus haut. (C. S.)

duits naturels ou manufacturés. L'Inde y apporte ses cotonnades, ses indigos, ses épices et ses articles anglais; le Turkestan et principalement la Boukharie y vendent les étoffes de laine, les soieries, les velours, les brocarts, les dentelles, le papier, la poterie, la quincaillerie, et servent ainsi d'intermédiaires à l'écoulement des articles russes. Caboul n'est donc, à proprement parler, qu'un lieu de transit; mais la présence de l'émir et de sa cour, ainsi que la garnison nombreuse, ajoutent à sa prospérité.

Il est d'ailleurs difficile de donner une idée exacte de Caboul à celui qui n'a jamais voyagé en Orient. Pourtant qui a vu le Caire peut assez bien se représenter la capitale de l'Afghanistan. La ville rappellerait Bagdad, n'étaient les églises chrétiennes et les tombeaux musulmans que l'on rencontre en grand nombre dans cette dernière. En réalité, toutes les cités de l'Asie ont un air de famille très prononcé, et ne se distinguent guère les unes des autres, à moins qu'un grand nombre d'étrangers n'y aient établi leur domicile, ou que l'adoption volontaire des coutumes occidentales n'ait entièrement révolutionné l'opinion des indigènes en matière de confort et de besoins matériels. Il y a quelques années, Caboul n'avait pas encore subi l'influence de ces éléments; et les modifications qui ont pu s'y introduire depuis n'en ont guère changé l'aspect général. Tant que la configuration du sol environnant restera la même, Caboul gardera, avec son rang de capitale, son importance politique.

Cette importance est justifiée, au reste, par d'autres titres. Caboul est une des plus anciennes cités de l'Asie. Non seulement son origine se perd dans la nuit des temps, et les traditions locales lui attribuent plus de six mille ans d'existence, mais la légende rapporte que Satan, chassé sur la terre avant la création de l'homme, descendit là et y jeta les premières assises des montagnes qui servirent à escalader le ciel. Au neuvième siècle de notre ère, Caboul était, avec Ghazni, tributaire de Bamian, dont les idoles gigantesques attestent l'antiquité. Elle passa ensuite sous la domination des Ghaznevides. Conquise plus tard par le sultan Baber, elle fit partie des États des souverains de Delhi. Nadir-Shah l'annexa à la Perse. Ahmed s'en empara au milieu du dix-huitième siècle et la rendit indépendante. Timour la prit pour capitale en 1776.

L'importance stratégique de Caboul date du onzième siècle. Lorsque le fameux conquérant Mahmoud de Ghazni se fut annexé le pays dont il avait été le gouverneur, il mit à profit la situation de Caboul pour tenir en respect les populations nomades du nord, tandis qu'il portait ses armes victorieuses à l'ouest et à l'est, dans la Perse et dans l'Inde. Il fit bâtir à l'entrée de la ville une porte fortifiée qui en défendait l'entrée et qui resta debout jusqu'à ce que les Anglais, en 1842, l'eussent remplacée par une construction en pierre brute et en briques cuites au soleil.

FORT DE DAKA.

(Cliché Boucke, Jelalabad.)

Là position même de Caboul répondait à ces desseins. La ville

FORT DE JAMRUD.

(Communiqué par le maj. gén. E. Wilmot.)

occupe en effet l'extrémité occidentale d'une plaine vaste et fertile, dans une gorge triangulaire formée par le croisement de deux chaînes de hauteurs qui, venant du nord et de l'est, font en se recontrant un angle au sud-ouest. Elle est donc, en réalité, dans un cul-de-sac entouré de tous côtés par des montagnes énormes. Elle est élevée à près de six mille quatre cents pieds (1,917 mètres) au-dessus du niveau de la mer, mais en même temps elle est dominée par une suite d'élévations, où il suffit d'établir des batteries à longue portée pour la réduire au silence.

Le Bala-Hissar (citadelle) est une ville à part, entourée d'un mur bastionné. Il contient le palais de l'émir, des jardins, le tombeau de Baber, quelques monuments publics, un fort intérieur et un millier de maisons avec un bazar. La ville proprement dite se compose de la vieille enceinte, où l'on compte environ 5,000 maisons et de vastes faubourgs. Sa population totale peut être évaluée à 60,000 habitants. Comme aspect général, Caboul est une simple agglomération de murs et de bâtisses en torchis, ayant généralement un air misérable. Entre les maisons, avec une cour carrée intérieure sans ouverture au dehors, se déroule un labyrinthe de rues étroites et sales où, quand il pleut, on piétine dans la boue jusqu'à la cheville et où croupissent les immondices, s'étalant impunément au soleil. Beaucoup de maisons n'ont qu'un étage; celles des riches, seulement, en ont deux; les toits sont plats, en terre damée, et entourée d'un parapet de trois à quatre pieds de hauteur.

Les plus belles habitations se trouvent dans un quartier connu sous le nom de Chandol, à l'ouest de la vieille ville, entre celle-ci et le fleuve. Ce quartier, qui n'était jadis qu'un village, est maintenant le faubourg « opulent » de la capitale. Il est occupé presque exclusivement par les descendants d'une tribu persane établie à Caboul depuis la mort de Nadir-Shah. Ces Persans sont des musulmans chiites, et par conséquent les ennemis religieux des sunnites, qui forment la plus grande partie de la population. Les chiites sont en quelque sorte parqués dans leur Chandol, que les autres habitants considèrent comme une espèce de ghetto. On leur donne le nom de Kizilbachis ou têtes rouges, sans doute à cause du fez qui leur sert de *coiffure*. Quoiqu'ils soient méprisés à raison de leurs croyances, les Kizilbachis exercent une grande influence sur les sirdars afghans; et comme ils sont plus ou moins instruits, ils occupent dans l'armée et dans l'administration des fonctions qui leur donnent une certaine influence politique. Ils sont, à la cour de l'émir, les meilleurs instruments des intrigues anglaises, beaucoup d'entre eux ayant servi dans les troupes natives de l'Inde.

La ville de Caboul est divisée en quartiers ou *mahallas*, qui se subdivisent à leur tour en sections ou *moutchas*. Chacune de celles-ci est entourée d'un mur de clôture percé de petites portes. En cas de guerre ou de tumulte, ces portes d'entrée sont murées, et la ville se trouve ainsi divisée en autant de petites places fortifiées qu'elle a de sections. Ce moyen de défense est ce qu'on appelle le *koutchabandi*. Les bazars sont indépendants de ces sections et s'etendent généralement en ligne droite. Les deux principaux sont ceux de Char et de Lahore, parallèles l'un à l'autre, de l'est à l'ouest. Le bazar de Lahore aboutit à une construction qui a quelque analogie avec le quartier du Temple à Londres : on lui donne le nom de *Tchartchata* ou Tchar-Tchivok (bazar des quatre carrés). C'est une série de quatre cours rectangulaires entourées de galeries et réunies par de courtes rues couvertes. Des fontaines publiques ornent ces cours. Depuis que le *Tchartchata* a été presque entièrement détruit en 1842 par le général Pollock, il n'est plus que le refuge des mendiants, qui pullulent à Caboul, et des petits marchands, qui trouvent le moyen d'exploiter la dernière ressource de la misère. Ces revendeurs sont assis, les jambes croisées, sur les comptoirs disposés dans les galeries du *Tchartchata* devant les magasins où ils ont étalé leurs marchandises. Ils ont pour concurrents les innombrables industriels dont les cris et les métiers sont aussi variés que dans nos grandes villes européennes, sans en excepter le marchand d'habits (1). En dehors des bazars, Caboul ne possède guère de monuments publics dignes d'intérêt.

Au centre de la ville, dans un enclos découvert, est le tombeau inachevé de Timour-Shah, peu remarquable et d'ailleurs mal entretenu. Les mosquées sont mesquines, et pas un de ces minarets, que l'on s'attend à rencontrer dans une capitale musulmane, ne vient rompre, pour l'œil du spectateur, la triste monotonie d'un océan de toits gris et plats. Ce qu'il y a en somme de plus curieux à voir, ce sont les cimetières, aussi nombreux que les sectes religieuses. Chaque croyance a son champ de repos spécial. Ici les sunnites, là les chiites, ailleurs les Arméniens, ailleurs les Juifs. Une des tombes les plus intéressantes se trouve dans un petit cimetière à l'est de la porte dite de Peshawar : c'est une espèce de tumulus en marbre, qui ne ressemble en rien aux pierres verticales plantées habituellement par les musulmans au-dessus de la tête de leurs morts. L'inscription gravée sur ce tumulus est en anglais du dix-septième siècle Elle constate que déjà, à cette époque, l'élément britannique avait pénétré à Caboul.

Ghazni.

Ghazni ou Ghuzni est à 145 kilomètres au sud de Caboul et à 7,500 pieds au-dessus du niveau de la mer (à peu près à la même altitude que l'hospice du mont Saint-Bernard). Cette ville

(1) G. Le Marchand, *Deuxième campagne des Anglais dans l'Afghanistan.*

très importante par sa situation, par ses ouvrages de défense et par le renom dont elle jouit chez les Afghans, est la plus forte citadelle de tout l'Afghanistan. Elle protège Caboul contre les attaques d'un ennemi venant de la vallée de Gomoul ou de la Tarnak, et elle est maîtresse de toutes les communications entre le nord et le sud du pays.

Ghazni était, il y a deux siècles, la capitale du vaste empire fondé par Mahmoud; sa splendeur lui valut le nom de seconde Médine. Elle est, en effet, vénérée comme une ville sainte, et plusieurs de ses édifices sont encore aujourd'hui visités par de nombreux pèlerins. Sa citadelle ou Bala-Hissar était jadis réputée imprenable. Les Anglais ne s'en emparèrent qu'en 1839, après un siège long et pénible où il fallut mettre en œuvre toutes les ressources de la poliorcétique pour l'obliger à capituler. La ville renfermait alors un grand nombre de palais et de riches habitations. Une brigade de cavalerie tout entière pouvait y trouver ses cantonnements. Les remparts, hauts de soixante pieds, étaient construits en bonne maçonnerie, sur une éminence escarpée de trente-cinq pieds d'élévation et protégée par un fossé, défendu lui-même par des ouvrages avancés. Assiégée une seconde fois en 1842, Ghazni ne fut emportée par l'ennemi qu'après une vigoureuse résistance. Du haut du Bala-Hissar, le *Jubber Jung*, pièce de 68, balayait les assaillants; trois fois le général Nott dut changer ses positions. Le siège dura trois mois. Pendant tout ce temps, les officiers anglais du 27e régiment d'infanterie de l'armée des Indes, qui avaient été faits prisonniers par les Afghans, restèrent enfermés dans les casemates de la citadelle; ils étaient entassés sans lumière ni chauffage, par une température glaciale, dans un espace mesurant à peine dix-huit pieds sur treize, et envahi, infecté par la vermine, au point que leurs vêtements pourrissaient sur leur corps. Les Anglais tirèrent une éclatante vengeance de ces cruautés. Ils firent sauter la citadelle après y avoir mis le feu, ainsi qu'au bazar, et passèrent toute la garnison par les armes. Lorsqu'ils quittèrent Ghazni, ce n'était plus qu'un monceau de ruines fumantes : aussi resta-t-il peu de chose de la vieille ville. Dost-Mohammed répara la citadelle, et son fils Shere-Ali compléta cette défense avec l'aide d'officiers du génie russe qui, dit-on, apprirent aux Afghans à construire des casemates blindées.

La nouvelle ville de Ghazni est, comparativement à l'ancienne, presque insignifiante, quoiqu'elle ait des places publiques assez vastes et de grandes maisons bien bâties et bien décorées. Parmi les monuments du passé qui ont échappé aux ravages de la guerre et du temps, on montre encore deux beaux minarets d'inégale hauteur, qui se trouvent isolés, à un quart de mille, sur la route de Roza. La légende rapporte que le plus petit de ces minarets fut bâti pour le sultan Mahmoud par un architecte d'un âge avancé, qui se jeta du haut de cet édifice en voyant qu'un de

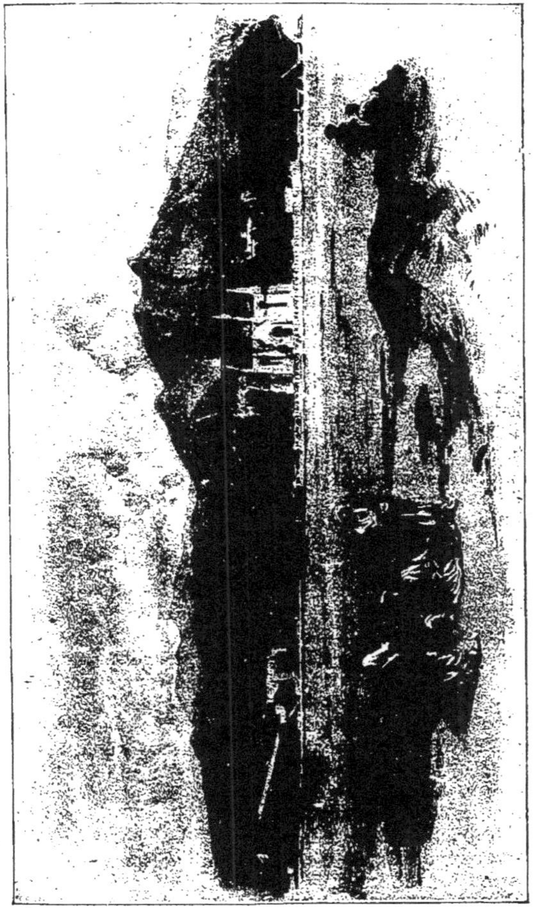

FORT DE KOHAT.

(Communiqué par le maj. gén. E. Wilmot.

ses élèves avait érigé un monument plus élevé et plus beau que le sien

Candahar.

Candahar est, au même titre que Caboul, Ghazni et Hérat, une des clefs de l'Inde. On peut dire d'elle, comme de la capitale afghane, que nul ne peut, sans la posséder, être maître de l'Afghanistan. Seconde ville des États des émirs et leur capitale jadis, elle est l'une des cités les plus renommées, les plus industrieuses et les plus commerçantes de l'Asie. Les Afghans font remonter sa fondation à Alexandre le Grand, et quelques géographes modernes se rallient à cette tradition (1). D'autres dérivent son nom de *Kand*, qui veut dire forteresse, en rappelant qu'elle était, sous la domination mongole, la barrière opposée aux invasions persanes. Deux fois détruite par les tremblements de terre, elle a été successivement rebâtie. La ville actuelle est la quatrième qui s'élève sur le même emplacement. Elle a été fondée par Ahmed-Shah, premier souverain de la dynastie des Douranis, qui lui donna le nom de Ashreff-ul-Beland (la plus noble des cités), qu'elle porte encore dans la langue du pays et à la cour de l'émir. Mais le peuple l'appelle, comme aux temps anciens, Candahar. Ahmed-Shah fut enterré dans sa capitale favorite, et son tombeau devint l'objet de la vénération universelle ; l'émir lui-même n'ose point y faire rechercher le coupable qui y a trouvé un asile.

La ville est assise entre la Tarnak et l'Argand-Ab, dans une plaine fertile de onze kilomètres de largeur, bordée par une ceinture de collines. Elle a la forme d'un parallélogramme régulier mesurant environ cinq kilomètres de circuit, et ayant pour côtés de gros murs en pisé de vingt-sept pieds de haut. Au centre de cette enceinte sont établis quatre grands bazars, dont les boutiques ont sur toute la longueur une véranda. Ces bazars occupent le carrefour des quatre principales rues. Chacun d'eux a une porte ouvrant sur la campagne, excepté celui du nord (porte Eedjah), qui fait face à l'ancien palais des souverains. La ville est découpée en îlots par plusieurs petits cours d'eau sur lesquels sont jetés des ponts de pierre. Elle est, comme Caboul, divisée en quartiers occupés chacun par une tribu différente. Les maisons sont bâties en briques rouges ; mais leurs toits, au lieu d'être, suivant l'habitude, en terrasse, sont surmontés d'un dôme, à cause de la rareté du bois de construction. Les portes et les fenêtres sont cintrées. Ces maisons alternent avec des constructions en pisé dont les toits sont recouverts d'une tente. Du haut des remparts la vue s'étend sur un paysage animé, à une distance d'une lieue et demie.

L'aspect général de Candahar n'a toutefois rien d'imposant. C'est

(1) Entre autres Vivien de Saint Martin. « C'est, dit-il, du nom d'Alexandrie ou Alexandropolis, qu'elle dut à son fondateur, que s'est formé par la prononciation orientale (Kander, Secander) le nom de Candahar. »

plutôt une réunion de plusieurs grands villages qu'une ville proprement dite. Ses rues ne sont guère praticables pour les voitures. La population de cette ville a été évaluée très diversement. Les uns la portent à 80,000 habitants, d'autres réduisent ce chiffre à 50,000.

Hérat.

Hérat est la ville gardienne de l'Afghanistan occidental, sa vraie citadelle, et le sommet de ce triangle stratégique dont la base a pour angles Candahar et Caboul, triangle sans lequel on ne peut se flatter de tenir l'Afghanistan. Aussi a-t-elle été, de temps immémorial, signalée comme un de ces points d'appui qui donnent le moyen de soulever un monde. Phrase hardie, mais sans exagération.

L'importance de Hérat ne réside du reste pas exclusivement dans sa situation stratégique, commandant les vallées qui mènent au seul point vulnérable de l'Inde. Elle est aussi dans la fertilité et la richesse de ses environs, qui peuvent fournir à bref délai tout ce qui est nécessaire au ravitaillement et aux transports d'une armée. Hérat est, en effet, le grenier de l'Asie centrale, et il est peu de poètes persans qui n'aient parlé d'elle comme du plus merveilleux des jardins. Son antiquité la rend en outre vénérable. Connue des Grecs sous le nom d'Aria, elle fut pendant de longs siècles la capitale d'un royaume indépendant, et telle était son incomparable valeur que, « prise cinq fois et cinq fois détruite, elle renaquit cinq fois de ses cendres ». Il y a six siècles, elle était déjà le rendez-vous des caravanes qui y affluaient chaque année de tous les points de l'Asie. Elle avait alors, au dire d'un historien contemporain, 12.000 boutiques, 6,000 bains publics, 350 écoles, 144,000 maisons habitées. Quand le torrent mongol, dévastant tout sur son passage, se répandit sur toute l'Asie antérieure au treizième siècle, Hérat perdit, assure-t-on, en moins de dix ans, plus d'un million et demi d'hommes. Malgré ses désastres, elle recouvra sa splendeur et la conserva jusqu'à une époque rapprochée de la nôtre.

La ville de Hérat est située sur la rive gauche du Hari-Roud, qui y apporte ses eaux par divers canaux. Elle est bâtie en forme de rectangle. Les côtés du nord et du sud mesurent 1,375 mètres, ceux de l'est et de l'ouest 1,460. Un immense ouvrage en terre de cinquante pieds de haut, surmonté d'un mur de vingt-cinq à trente pieds d'élévation, lui sert de clôture et de rempart. La citadelle, appelée Tchagar-Bag, est au centre de la place. Elle est entourée d'une profonde tranchée qui peut être submergée. Elle a cinq portes, dont une murée, toutes flanquées de deux bastions. Chaque porte est défendue par un pont-levis. Chacun des murs d'enceinte est pourvu de vingt-cinq à trente bastions. Le glacis est protégé par deux tranchées superposées. La place est défendue par vingt canons de divers calibres, plus un certain nombre de pièces démontées. Si l'on considère que le circuit de la citadelle est de 5 kilomètres et demi, on reconnaîtra que cet ensemble d'artillerie est peu fait pour arrêter sérieusement une armée.

La population de Hérat se rapproche de celle de Candahar. L'une et l'autre s'évaluent à 50 ou 60,000 habitants, Afghans, Hindous, Tartares, Turcomans, Juifs, Tadjiks et autres. La ville proprement dite est sale, quoique l'eau n'y manque point, chaque maison ayant une fontaine, outre celles que l'on trouve sur toutes les places publiques. La principale rue est voûtée en forme d'arcade. Parmi les monuments, on cite la mosquée en ruine de Musjid-Janca. Les bazars sont anciens et populeux, Hérat est un marché central des produits de l'Inde, de la Chine, de la Tartarie, de la Perse; son industrie est renommée dans l'Orient. C'est là qu'on fabrique ces tapis aux couleurs brillantes dont la richesse est admirée dans le monde entier. C'est également de Hérat que vient la coutellerie dite de Damas, si recherchée par les Orientaux. Les environs sont réputés pour leurs blés, mais surtout pour leurs vins, dont on compte jusqu'à dix-sept crus. Les roses y viennent en une telle abondance que Hérat est appelée *Surgultzar* (la belle cité des roses).

Charles SIMOND.

AFGHAN.
Fanatique religieux.

www.ingramcontent.com/pod-product-compliance
Lightning Source LLC
LaVergne TN
LVHW010306230826
846091LV00007BB/2747

* 9 7 8 2 0 1 3 0 7 7 4 2 2 *